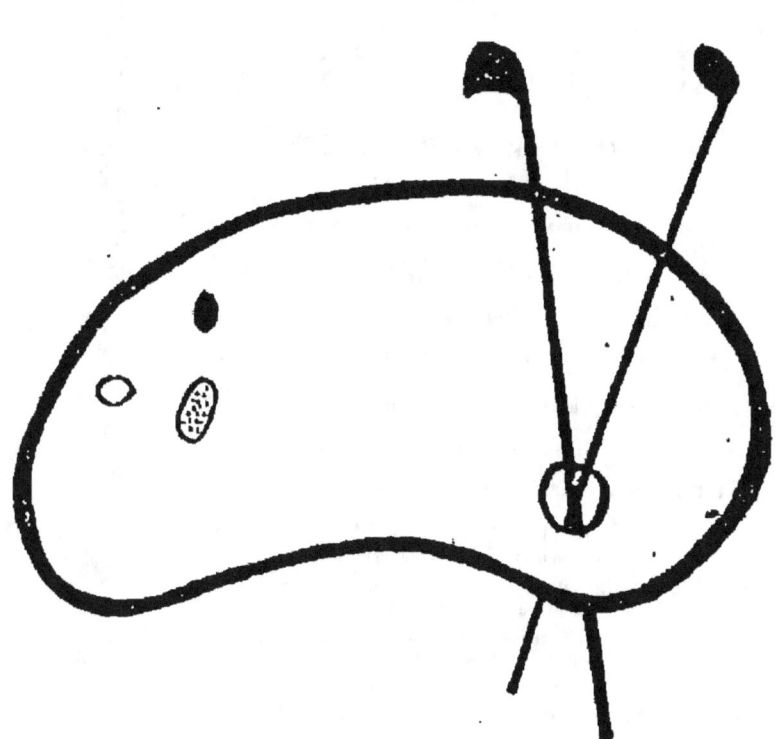

DEBUT D'UNE SERIE DE DOCUMENTS EN COULEUR

CATALOGUE
DES
TABLEAUX & DESSINS
GOUACHES, PASTELS, ETC.,
ANCIENS & MODERNES,

De tout genre et de toutes les écoles,

GRAVURES, LITHOGRAPHIES, CARTES,
Livres rares et à Estampes,

MANUSCRITS AUTOGRAPHES ET OBJETS D'ART,

Qui composaient le cabinet de feu M. le Comte *** et l'atelier de M. ***

DONT LA VENTE AUX ENCHÈRES PUBLIQUES AURA LIEU

Rue de Grenelle-Saint-Germain, 107,

LE MARDI 13, MERCREDI 14 ET JEUDI 15 DÉCEMBRE,
de midi et demi à quatre heures.

Par le ministère de Me **MALARD**, Commissaire-Priseur,
rue de la Fontaine Molière, 41,

Assisté de M. **FERDINAND LANEUVILLE**, Expert,
rue Neuve-des-Mathurins, 73,

Chez lesquels se distribue le présent Catalogue,

Et en Province et à l'Étranger chez les principaux Libraires.

EXPOSITION PUBLIQUE
Le Dimanche 11 et le Lundi 12 Décembre 1853,
de midi à quatre heures.

PARIS
MAULDE & RENOU,
IMPRIMEURS DE LA COMPAGNIE DES COMMISSAIRES-PRISEURS,
Rue de Rivoli, 144.

1853

CONDITIONS DE LA VENTE.

Elle se fera *expressément au comptant.*

Les acquéreurs payeront en sus du prix d'adjudication, cinq centimes par franc, applicables aux frais.

Tout encadrement avec verre, qui formera passe-partout proprement dit, ne sera pas compris dans la vente de l'objet ainsi encadré, lequel objet sera séparé sur le champ dudit encadrement pour être livré à l'acquéreur.

N. B. Au commencement, mais plus spécialement à la fin des vacations, il sera fait des lots des dessins, des peintures et des portraits anciens et modernes inconnus, omis ou non catalogués.

Il sera ainsi vendu sous divers numéros de ce catalogue, plusieurs lots de bons Tableaux, Esquisses, Dessins originaux anciens et modernes.

Nota. Nous transcrivons ici le catalogue tel qu'il a été classé et rédigé par le propriétaire.

MALARD et Ferdinand de LANEUVILLE.

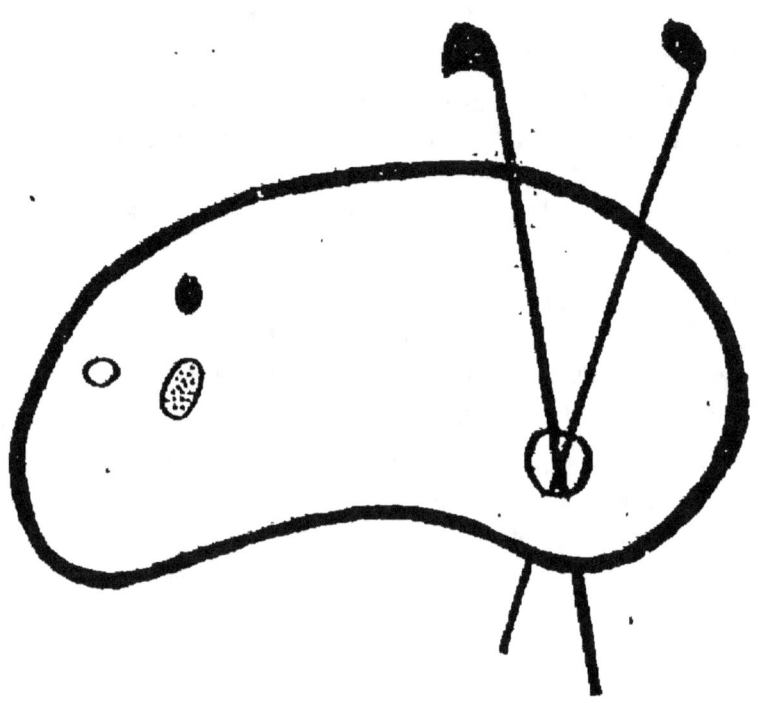

FIN D'UNE SERIE DE DOCUMENTS EN COULEUR

AVERTISSEMENT.

— La collection de Peintures et de Dessins dont nous n'inscrivons ici qu'une partie, est le fruit de recherches assidues, consacrées pendant nombre d'années à en faire l'acquisition.

La collection de Dessins notamment, dont il eût été fastidieux et coûteux à la fois d'enregistrer au présent catalogue les mille à douze cents pièces qui la composent, provient en grande partie du cabinet de feu M. le comte de ***.

Les Tableaux, qui proviennent en partie de la même source, ont été réunis avec les plus grands soins par M. ***, qui a été assez heureux pour recueillir d'excellents morceaux de peintures dites d'ateliers et d'artiste.

A l'exception d'un certain nombre de Dessins, Pastels, Gouaches et autres dont la fragilité ou l'importance ont nécessité la conservation et l'exposition sous verre, aucun ornement, aucun encadrement en un mot ne vient prêter un embellissement étranger aux différentes pièces dont se compose cette collection. C'est même là un des points par lesquels elle diffère de ses devancières, les véritables connaisseurs en matière d'art, accordant généralement peu d'attention aux ornements qui éblouissent les yeux et induisent souvent en erreur sur la valeur et sur le mérite réel d'une peinture ou d'un dessin. Les peintures anciennes n'arrivent d'ailleurs le plus ordinairement jusqu'à nous que privées de l'encadrement qui leur est propre, c'est-à-dire, du cadre fait à l'époque même de leur exécution.

Pour abréger le travail, nous n'avons catalogué qu'un petit nombre de peintures et de dessins, eu égard au nombre réel existant. Nous avons aussi groupé sous différents numéros un certain nombre de peintures et de dessins de différentes écoles et de différent mérite. C'est ainsi que beaucoup de portraits anciens et modernes, qui ont été spécialement recueillis dans un but d'étude de costumes et de physiologie physiognomonique et historique comparées, seront vendus par groupes et par lots.

Quant aux divers objets d'art et de science, etc., tels que manuscrits, livres rares et à gravures, et différents objets de curiosité, ils proviennent de la même source.

PREMIÈRE PARTIE.

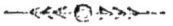

DÉSIGNATION

DES

TABLEAUX ANCIENS & MODERNES,

de toutes les écoles.

1 — A. Baron. Paysage suisse.
2 — Bataille (Ch.), signé. Paysage avec figures.
3 — Bonnington (Richard-Parke). Les trois Grâces de l'enfer, scène fantastique.
4 — Id., esquisse du chaos.
5 — J. Boucher. Belle tête de moine.
6 — Callot. Scène de la St-Barthélemy, mort de Coligny.
7 — Cals (signé). Esquisse de son tableau du Mendiant.
8 — Id. Étude et portrait du mendiant.
9 — Champagne (Philippe de). Grand et beau portrait en pied du chancelier Séguier dans l'intérieur de son cabinet et en grand costume.

DEBUT DE PAGINATION

10 — CHARLET (Nicolas-Toussaint), signé. Lecture de journaux dans un corps-de-garde. Charmante satire de notre époque.
11 — Id. Portrait du ministre Peyronnet.
12 — COGNIET. Scène tragique de l'histoire romaine.
12 bis. COUTURE. Socrates entraînant Alcibiade hors d'une maison de courtisanes.
13 — DABOS (signé). Esquisse de la naissance de Jésus.
14 — DAVID. Belle académie de concours, de grandeur naturelle.
15 — Id. Scène historique, famille d'un roi vaincu aux pieds d'un roi victorieux.
16 — P. DELACROIX. Tête d'expression.
17 — P. DELAROCHE. Tête d'étude.
18 — Id. id.
19 — DEVÉRIA. Chinoise lisant.
20 — Id. Tableau inachevé. Lecture de la Bible par des chevaliers du moyen-âge, armés et sur la brèche.
21 — DOLCI (Carlo). Beau portrait du cardinal Cibo.
22 — DROLLING. Portrait de Chénier.
23 — Id. Scène tragique de l'histoire romaine.
24 — F. DROUAIS (signé). Scène tragique de l'histoire romaine.
25 — Id. Mort de Lucrèce et serment de ses frères.
26 — DUPUY, 1693. Très beau portrait de Louis XV.
27 — FLERS. Étude de paysage.
28 — FRAGONARD. Éducation de la Vierge.
29 — Id. Petit Mercure avec ses attributs.

30 — J. B. Gassies. Très belle académie d'homme.
31 — Id. Tête d'étude, etc.
32 — Géricault. Etude de son cheval du trompette.
33 — Id. Portrait d'un membre de la maison de Nassau.
34 — T. Girodet. Mort d'un patriarche entouré de sa famille.
35 — Id. Même esquisse, moins avancée, avec paysage au verso.
36 — Id. Belle académie d'homme.
37 — Govaert Flinck. Portrait d'un grand personnage.
38 — Gros (signé). Portrait de Simon le cordonnier, gardien du Dauphin, fils de Louis XVI, au Temple.
39 — Guérin. Grande académie d'homme. Tête d'étude et tableau inachevé.
    Ce numéro sera divisé.
40 — Isabey. Les Falaises du Hâvre. Petits pêcheurs et blanchisseuses sur le bord de la mer.
41 — Jordaens. Un fleuve allégorique, belle et savante étude de grandeur naturelle.
42 — G. Kuwasseg (signé). Très belle vue de Venise, avec figures et embarcations.
43 — Id. Autre vue avec figures.
44 — Lantara. Paysage avec figures.
45 — Ch. Lebrun. Grisaille, scène tragique historique.
46 — Id. Grisaille. Guerrier mort et entouré de sa famille et de ses amis en pleurs.
47 — Lépicier. Beau portrait.

48 — Lethières (signé). Scène tragique de l'histoire ancienne.
49 — Marcille père. Petite mignonne au manchon.
50 — Id. Étude de Madeleine.
51 — A. M. Marilhat. Souvenir d'Orient, esquisse d'une réunion de Turcs sur une terrasse.
52 — Id. Esquisse de paysage d'Orient.
53 — Merlot, 1793 (signé). Joli portrait de Mme***.
54 — Michalon. Beau paysage suisse.
55 — Id. Étude de rochers et de cascades.
56 — Michel Ange des Batailles. Vases, fruits, animaux.
57 — Mignard. Beau portrait de Louis XIV.
58 — Monvoisin. Abraham recevant Agar des mains de Sara.
59 — A. Mourlot, le meilleur élève de Marilhat, paysage avec figures.
60 — Oudry. Chèvres au repos. Ce tableau provient du cabinet de M. Nadault, de Buffon, et a appartenu au grand Buffon, son parent.
61 — Id. Serin mort.
62 - Parrocel. Une Bataille.
63 — Id. (signé). Grisaille. Petits Amours à la chasse au cerf.
64 — Picot. Scène tragique de l'histoire romaine.
65 — Id. Mort d'un guerrier.
66 — Id. Autre trait de l'histoire romaine.
67 — P. P. Prudhon. Son portrait à l'âge de vingt-deux ans et dans sa première manière, provenant de l'abbaye de Cluny, où il fit ses études.

68 — Id. Esquisse d'une femme priant sur un tombeau.
69 — H. Rigault. Portrait du maréchal d'Aubray.
70 — Robert. Belle vue de rochers sur le bord de la mer.
71 — P. P. Rubens. Jolie tête d'enfant.
72 — Id. Autre tête d'enfant.
73 — Rachel Ruysch. Femme de J. Van Pool et fille du célèbre anatomiste Ruysch. Son portrait.
74 — Sasso Ferrato. Vierge priant. Bien conservé.
75 — Valentin. Les Cinq sens de nature, ou orgie italienne, tableau original avec personnages de grandeur naturelle.
76 — H. Vernet. Portrait d'homme (saint Simonien) en toque rouge.
77 — J. B. Vœnix. Perdrix et nature morte.
78 — J. Wolmann (signé). Beau paysage. Loup pris dans un piége.
79 — Id. (signé). Têtes de sanglier.
80 — Zipel (signé). Paysage avec figures. Vue des anciennes buttes de Montmartre.
81 — Galerie des douze enfants de Jacob ou des patriarches qui, devenus les chefs des douze tribus d'Israël, se partagèrent la terre, savoir : Ruben, Siméon, Lévi, Judas, Isachar, Zabulon, Joseph, Benjamin, Dan, Nephtali, Gad et Azer, avec les légendes latines de la Bible.

Cette curieuse collection vient de l'abbaye de Corbie (près Amiens), abbaye célèbre de bénédictins, aujourd'hui détruite. Ces douze portraits allégoriques surmontaient les douze fauteuils ou stalles en chêne sculpté qu'occupaient, pendant les exercices religieux, les douze bénédictins les plus élevés de l'ordre.

82 — Eliézer et Rébecca à la fontaine, très ancienne toile avec personnages de grandeur naturelle.

83 — La Charité romaine, personnages de grandeur naturelle.

84 — Tentation d'un saint en prière, grande et ancienne toile pour tableau d'église.

85 — Le Myosotis, paysage et gracieuse étude de femme nue, de grandeur naturelle.

86 — Le Déluge, très ancienne, très curieuse et très bonne peinture, avec un grand nombre de personnages nus, composant les groupes les plus variés et d'une expression et d'un sentiment fort remarquables.

87 — Très beau portrait de Lamoignon.

88 — Id. de l'abbé Vertot.

89 à 200. NOTA. Ces numéros, dont quelques-uns seront vendus isolément, mais dont le plus grand nombre sera vendu par groupes, se composent d'environ cent cinquante portraits anciens et modernes, de personnages connus et inconnus, par divers artistes, tels que : les portraits du président Hénault, de Lafayette, lieutenant, par Delerive; de ma-

dame Dacier, de Lansberahs, par lui-même, de M. et madame de Malésy; de mademoiselle de Laval de Montmorency, baronne de Thiers; du cardinal Mazarin, du physicien Miette, de madame de Montespan, de demoiselle de Salingand, femme de M. Emery; de M. de Montyon, du chanoine Patrin, de la marquise de Villette, maîtresse de Voltaire; de Ramus, de Rembrandt, du duc de Saxe, etc. etc.

201 à 350. Environ deux cent cinquante peintures de différents sujets, omises ou non cataloguées, et par différents artistes connus et inconnus, telles que : une excellente esquisse de la prise de la Bastille, exécutée au moment même de l'action; id. d'un épisode de Février 1848, incendie des voitures du roi; la dispute du Saint-Sacrement, par Cailloux; Jésus aux Olives, par Collet; une esquisse de Franklin; id., de Garnier; id. de Galland; de Caroline Gérard, de Lesage, de Mayer, de Marquis, de Montigny, de Mourlot, de Netter, de Rioult, une marine de Paucelier, de Toussaint, de Vincent, une vue du Brésil; des copies du Poussin et de Rubens, par Troivallet; Charles VI entre sa femme et son médecin; une scène fantastique tirée d'Hamlet; Roland délivrant Olympe, peint sur verre, par un artiste anglais, etc., etc.

DEUXIÈME PARTIE.

DÉSIGNATION

DES

DESSINS ANCIENS & MODERNES,

des différentes écoles.

351 — Adam, Baron et Boisseau (signé). Trois in-4 : 1° Apothéose de Louis XVI; 2° Etude; 3° Paysage.

352 — J. Audy et F. Vogler (signé). Trois aquarelles in-4, cavaliers et chevaux libres lancés.

353 — N. Berghem (signé). In-fol. sang. Berger et bergère traversant un gué à cheval.

354 — M. Blanvillain (signé). Aquarelle, in-fol. Paysage avec figures.

355 — Bon Boullogne. Grand in-fol., pl. et cray. lavé. Saint-Pierre guérissant les malades. (Ce dessin a été gravé.)

376 — R. P. BONNINGTON. Dessin et autographe, in-fol. lavé, rehaus. de blanc, scène fantastique tirée du poëme de Burns. Cavalier au milieu d'un ouragan et attaqué par des malfaiteurs.

357 — BOUCHER. In-4, au crayon noir. Tête de jeune femme avec la gravure, par Demarteau.

Id., in-fol., autre tête sur pap. gris, aux deux crayons.

Id., in fol. aux deux crayons. Loth et ses filles.

Id., sanguine in-fol., une ferme avec figures.

Id., sang., in-fol. Jeune femme cueillant des roses.

Ce numéro sera divisé.

357 bis. Séb. BOURDON. In fol. à la pl. lav. Esquisse de la mort de Jésabel.

358 — BRUGES. In-fol. à la pl. lav. Repos de laboureurs.

359 — CALS (signé). In-4 aux deux crayons, étude du Mendiant.

360 — S. CANTARINI, dit le Pésarèze, élève du Guide, Sang. in-fol. Sainte Famille.

361 — CAMOENS. Deux in-4, 1° une Grenouille, 2° une Carpe, d'un fini remarquable.

362 — CARRACHE. (Annibal et Augustin). 1° in-4 à la pl. reh. de blanc. Saint évêque priant sur le bord de la mer pour sauver des navires tourmentés par la tempête; 2° sanguine in-8, reh. de blanc. Femme assise.

363 — Challamel (signé). Mine de plomb in-4. Débarquement et scène de patineurs allemands.

364 — Daguerre, 1836 (signé). Quatre dessins in-4, à la plume lavé. Différentes vues et monuments.
Ce numéro sera divisé.

365 — Decamps. Esquisse in-fol. Deux enfants jouant avec un mouton, et au verso un portrait.

366 — G. Delpino (signé). Grand in-fol. Très belle gouache. Bergers italiens et bestiaux sur le bord de la mer, au soleil couchant.

367 — Y. Desbrosses. In-fol. avec gravures. Fontaine ou grotte du jardin du Luxembourg.

368 — Desbuissons (signé). Deux académies, pastels in-fol.

369 — Desoria. Ce dessin, grand in-fol. long, aux deux crayons, porte une note explicative de la main de Garnier, de l'Institut.
Id. Grand in-fol. aux deux crayons, délicieux portrait en pied de jeune femme assise dans un paysage et écrivant.

370 — Desprez, pensionnaire du roi à Rome, etc., in-fol. à la pl. lavé, avec la gravure. Prêtres et sacrifices dans le temple d'Isis à Pompéï, tel qu'il devait être en l'an 79.

371 — Devéria (signé). Plus. in-4, au crayon et à la plume, lavé. (Sont compris dans l'album in-4).

372 — Dietrich. Gr. in-fol., à la pl. lavé. Adoration des Mages.

373 — D. Doénny, de Bruges (signé). Gouache in-fol. Admirable effet de lune dans un paysage.

374 — E. B. Garnier, de l'Institut, etc. Esquisses et dessins finis de ses différents ouvrages et grands tableaux du Luxembourg, etc., tels que : Ajax, la famille de Priam, Dédale et Icare, saint Jérôme en prière, le Pape et le cardinal ministre avec une légende descriptive en italien, de l'écriture de Garnier, Pêche miraculeuse du 18 brumaire an VIII, Diogène demandant l'aumône à une statue, Portrait en pied du général Kléber sur le champ de bataille, cinq feuilles d'études, etc., etc. Ce numéro sera divisé.

Id. Gr. in-plano, esquisse à la pl. lav. et rehaussée de blanc de son grand tableau de la famille de Priam, qui a remporté le prix de 10,000 fr., peint en grand au Louvre, et actuellement au Luxembourg, voir p. 19 et 27 de sa biogr.

Id. Grand in-plano à la pl. lavé. Alcibiade entraîné par Socrates hors d'une maison de courtisanes, peint à Rome en 1791. V. pag. 17 de sa biogr.

Id. In-fol. à la pl. lav. Portrait le plus ressemblant de l'empereur Napoléon, d'après le dire de l'empereur lui-même, lorsqu'il lui fut présenté lors de sa visite à la Sorbonne.

Id. Portrait d'après nature de l'acteur J. B. F. de Grandménil dans le rôle de l'Avare.

375 — T. Girodet. In-fol. aux deux crayons. Enlèvement d'Europe.

376 — Barb. Giorgion, In-fol. au crayon et à la pl., rehaussé de blanc et colorié. Dessin très ancien et extrêmement curieux pour les portraits et les costumes de cette époque, Allégorie de l'expédition de Charles VIII à Naples (1494), Charles VIII, fils de Louis XI, suivi de son grand-fauconnier, puise dans l'escarcelle pleine d'or du pape Alexandre VI, qui est lui-même accompagné de deux officiers, dont l'un, debout, paraît être un mignon, ayant aussi un faucon à la main, un serpent et un coq à ses pieds, et portant la tiare, et dont l'autre, assis sur un trophée d'armes, semble être son premier ministre, et lit une charte.

377 — H. Goltzius. Sang. in-fol. Vulcain forgeant les flèches de l'Amour.

378 — Govaert Flinck. In-8, à la pl. Portrait de vieillard.

379 — Granville. Deux in-4, trait au crayon, deux caricatures avec légendes.

P. Grégoire. Mine de pl. in-fol. Portraits d'Héloïse et d'Abélard.

380 — J. B. Greuze. Sang. in-fol. Portrait en pied d'un acteur.

Id. In-fol. Tête d'expression à la pierre noire et jeune femme assise.

381 — P. Hakers (signé). Aquarelle in-fol. Magnifique paysage avec figures.

381 bis. J. Heenck, 1775 (signé). In-fol., deux feuilles d'oiseaux avec paysage. Raulin. Ornements chimère et oiseaux.

  Ce numéro pourra être divisé.

382 — Hennequin. In-fol. à la pl. lavé. La Brutalité d'une passion déréglée avec légende de l'auteur.

  Huet. In-8 à la pl., lavé. Enfant jouant avec des moutons.

3 — P. Huygens (signé). Aquar. in-fol. Oiseau mort et attributs de chasse dans un paysage.

384 — Ingouf (l'aîné), l'un des artistes du grand ouvrage d'Egypte, gouache in-fol. signée. Paysage et berger avec bergère se faisant la cour au clair de lune.

385 — C. Josépin. Sang. in-fol. Décollation de deux martyrs.

386 — J. Jouvenet (signé). Deux croquis in-4, à la sanguine.

  Id. Deux in-8. Portraits peints de saint et de sainte.

  Id. In-fol. Esquisse lav. à l'encre rouge. Saint enlevé au ciel.

  Id. In-fol. Esquisse peinte et lavée. Assomption de la Vierge.

  Id. In-fol., à la sang. Fragment de sa Descente de croix.

  Id. In-fol. aux deux crayons. Ange apparaissant à un roi à table et entouré de sa cour.

  Id. In-fol. à la sang. Saint guérissant les malades et Apothéose de Jésus Christ.

387 — LAGRENÉE, etc. In-fol. long, bas-relief antique, etc.
388 — L. DE LAHIRE. In-fol. à la pl. lav. au bistre. Saint Jean écrivant dans le désert (avec la gravure).
389 — LALLEMANT. Gouache in-4. Berger et troupeau.
390 — DE LARUE. Deux in-fol. et un in-4 à la pl. lav. Marches de triomphateurs romains et bas-reliefs.
391 — DE LATOUR. Pastel ancien, gr. in-plano, encadré. Portrait d'un grand personnage de la cour de Louis XIV.
392 — CH. LEBRUN. In fol. aux trois crayons. Trophée et apothéose.
393 — AD. DE LÉLIE DE TILBOURG. Aquarelle, gr. in fol. Noces du peintre Jean Steen. Dessin capital.
394. — LENOIR (signé). In-pl., crayon rouge et blanc. Ange adorateur.
G. LEROUX (signé). In-fol., mine de plomb. Portrait en pied du chef des indiens, Youwaï.
395 — R. LESUEUR. Pièce in-fol. Mort de saint Bruno. Esquisse peinte en camaïeux pour le tableau qui fait partie d'une grande suite faite pour le couvent des Chartreux, à Paris, en 1634.
Id. In-fol. au crayon lavé. Saint guérissant les pestiférés.
396 — CL. LORRAIN. In-4 à la pl., lavé. Paysage.

Bergers et pêcheurs (a servi pour la gravure).

397 — C. Maratte. Etude, in-4, aux deux crayons.
398 — Meyer, 1770 (signé). Deux in-4, gouache avec figures :
1º L'Orage; 2º le Beau Temps. Dessin d'un fini merveilleux.
399 — Michault. Aquarelle in-fol. encadrée. Mascarade de la Porte St-Antoine, en 93.
400 — Michel-Ange. In-4 à la pl. Groupe de huit académies.
In fol. à la pl., détérioré. Soldats, chevaux, etc.
401 — C. Mignard. In fol. aux deux crayons. La Madeleine aux pieds de Jésus et entourée de femmes.
402 — Moitte. Trois in-fol. à la pl., lavé au bistre. Candelabre. Trophées de guerre et Vulcain avec les attributs.
403 — Ch. Moulle (signé). In-4 aux deux crayons. Jeune femme lisant.
404 — M. Muziano (signé). Fondateur et premier directeur de l'Académie de Saint-Luc, à Rome, sang. in-fol. La Circoncision.
405 — J.-C. Oudry (signé). 1770. In-fol. aux deux crayons. Portrait d'enfant.
406 — Ad. Overlaet (signé). Deux in-12 à la pl. très finis. Buveurs et fumeurs flamands.
Id. (signé). Deux in-12 ronds, à la pl. Paysage avec figures d'un fini merveilleux.
407 — F. Pannini. Aquarelle in-fol. long. Vue d'un palais et de jardins avec statues, etc.

408 — Parrocel. In-fol. au crayon, lavé. Bataille de Leuze. Esquisse du tableau qui est au musée de Versailles.

409 — Picart le Romain. Sang., in-fol., dessin capital. Dispute du Saint-Sacrement.

410 — Pietre de Cortone. Sang., in-4. Esquisse du tableau de Laban cherchant ses dieux; au musée du Louvre.

411 — Poilly. Gr. in-fol., pl. et crayon rouge, lavé (a servi pour la gravure). Abraham allant immoler son fils Isaac.

412. — P. Poterne (signé). Sang., in-4. Seigneur à la chasse au faucon.

413 — N. Poussin. Sang., in-4. Ange annonciateur.

414 — Le Primatice. Sang., in-fol. Groupe d'anges faisant partie des décorations du château de Fontainebleau.

Ce dessin porte le nom de *Primatice*, écrit de la main du Dauphin, (alors Henri II), à qui cet artiste l'avait donné.

415 — J. Restout, directeur de l'Académie de peinture, etc. In-4 au crayon, lavé. Paraît être la statue de saint Louis.

Id. In-fol. au crayon sur pap. gris. Saint évêque guérissant des malades.

Id. In-fol., mine de plomb. Martyre d'un saint; porte au verso ces mots, de l'écriture de Garnier de l'Institut : « Croquis de Restout fils, à Rome. »

Id. Gouache et aquar. in-fol., dessin capital: porte au verso ces mots, de la main de Garnier de l'Institut : « Esquisse d'un des tableaux de l'école royale militaire, par Restout fils. »

416 — SAINT-MARTIN (signé). Sépia, in-fol. Beau paysage avec animaux, figures, etc.

417 — SIGALON. In-fol. à la pl., lavé. Chute des mauvais anges.

418. — F. SOLIMÈNE. Dessin capital à la sanguine, gr. in-pl. L'Aurore et la Nuit représentées par deux jeunes femmes dans les nues, etc. Composition d'un gracieux et d'une expression remarquables.

419 — SWEBACH DESFONTAINES. In-fol. à la pl., lavé. Scène de charlatans vendant à des villageois.

420 — D. TENTORETTO. In-fol., esquisse à la pierre noire. Groupe de seigneurs faisant halte.

421 — P. TESTA. In-fol., sang. et deux crayons. Diverses figures au recto et au verso.

422 — VANDER DOW. Aquar. in-fol. Halte de bergers et troupeaux. Anesse chargée de deux veaux. Dessin très beau et très fini.

423 — A.-F. VANDERMEULEN. Gr. in-4. Rencontre de cavaliers.

424 — VAN DONGEN (signé). Aquar. in-fol. Magnifique paysage et bestiaux.
  (Signé). Id. Pendant du précédent.

425 — VAN REGEMOORTER, directeur de l'Académie d'Anvers. Aquar. in-4. Charmante composition représentant le Génie de la peinture.

426 — Van Roven, 1715 (signé). Magnifique gouache gr. in-4. Dans un paysage, nid de cygnes, etc.

427 — Verdier (signé). In-fol. aux deux crayons. Hercule auprès d'Omphale.

F. A. Vincent, de l'Institut (signé). In-fol. aux deux crayons. Vue d'une partie de la villa Borghèse et de la villa Médicis.

428 — C.-J. Vernet. Gouache in-fol. Pêcheurs au soleil levant, fait à Avignon.

429 — F.-A. Vincent, de l'Institut. Trois aquarelles in-fol., avec légendes explicatives de la main de Vincent, représentent Abdalla, les hommes de sa suite, ses femmes et leurs costumes.

430 — J. Wille (signé). Aquar. in-4. Paysage, vue d'une ferme avec pièce d'eau et une femme se baignant dans le fond.

431 — Zuccaro (attribué par un autre expert à Vasari). In-fol. à la pl., reh. de blanc, dessin capital portant au coin de droite l'estampille Baro : une reine entourée de milice, derrière une grille de fer est assise et semble rendre justice à une autre reine, debout devant elle, et entourée de soldats, etc.

DESSINS ANCIENS & MODERNES

dont les Experts n'ont pu préciser les noms.

432 — In-fol. (signé) H.-J. V., 1712, à la pl., lavé. Chapelle dédiée à la Vierge, à saint Martin et à saint Georges.

433 — In-fol., gouache et pastel très anc. Tête de vieillard.

434 — Sang., in-fol. anc. (avec la gravure). La Justice, représentée par une jeune femme assise, tient une balance de la main droite et caresse un cassoars de la main gauche.

435 — In-fol. octogone. Esquisse à la pl. lavée, avec ces mots : « *De inventor, 1610.* » Combat d'Apollon et du satyre Marsyas avec de nombreux personnages.

436 — Deux gouaches anciennes, in-4. 1° Entrée dans une ville mise à feu et à sang; 2° Bataille rangée sur les bords d'un fleuve et près d'une ville. Dessins excellents et fort curieux constatant un fait historique.

437 — In-4 à la pl. et crayon, reh. de blanc. La Vierge et l'Enfant-Jésus au milieu d'une gloire d'anges. Fort beau dessin attribué P. P. Prudhon.

438 — In-4 à la pl. lav., et crayon rouge. Groupe d'évêques, etc., en admiration devant un temple, à la vue d'une légion d'anges.

439 — Deux in-12 ronds à la pl. Distribution de pain et de vivres à des soldats, par un pape, etc.

Sang., in-fol. Adoration de religieux devant une gloire d'anges.

440 — In-fol. à la pl. attribué à Seb. Leclerc. Esquisse du tableau qui est au pavillon de Flore, trouvé dans les cartons de Garnier, de l'Institut. On lit, page 36 de sa biographie, cette inscription y relative: « Henri IV visitant les travaux des arts et de l'industrie de la grande galerie du Louvre. »

In-4, crayon et pl. lav. Décollation d'un saint, provenant du baron Gros.

441 — In-fol., long, mine de plomb. Voyageurs, bergers et troupeaux.

442 — Sang., in-fol. Vieille femme folle. Pièce curieuse.

443 — In-pl. à la pl., lavé. Diablerie. Tentation de saint Antoine. Dessin curieux portant les initiales D. C, et une date ancienne.

444 — Gr. in-pl. au crayon noir lavé, attribué à Jules Romain, d'après Raphaël. Grande scène de l'histoire romaine.

445 — Pastel, gr. inpl., sig. G., 1841. Portrait d'un personnage allemand.

446 — In-fol. à la pl. et point au blanc d'œuf. Trait de l'histoire juive. Un grand prêtre massacre des soldats célébrant un sacrifice dans un temple.

447 — Gr. in-pl. long, à la pl., lav., reh. de blanc, colonne remplie de bas-reliefs relatifs aux triomphes de la liberté. La statue de cette déesse qui la surmonte porte cette inscription : « La liberté légale donnant la paix au monde. »

448 — Aquar., in-pl. long. Vue d'un temple et de monuments égyptiens, par l'un des artistes du grand ouvrage d'Egypte.

34h — Pastel, anc. in-fol. Beau portrait d'un vieillard couronné de lauriers (Le Tasse)?

450 — Gr. in-pl. en papier de maïs. Très ancien et curieux dessin chinois représentant des habitations, des embarcations et des pêcheurs chinois.

451 — In-pl. Divers pastels anciens, dont portrait de Fénélon, plusieurs copies de Raphaël, etc., etc.

452 — Gr. in-pl. Lavis ancien attribué à Ch. Natoire. Horatius Coclès défendant seul l'entrée du pont.

453 — In-fol., trois crayons anc. très beau. Femme antique avec corne d'abondance.

454 — In-fol., crayons noir et rouge. Tête d'expression.

455 — In-pl., pl., crayon et gouache. Beau dessin. Trait de l'histoire ancienne. Un empereur au milieu de sa cour donne un papier à un personnage agenouillé devant son trône.

456 — In-pl. ovale, aux trois crayons. Jeune homme au lit de mort ayant un gardien à la tête

de son lit, avec ces mots au crayon : « Dédié à mon père, le 27 octobre 1845. »

457 — In-fol. encadré avec deux verres au recto et au verso, au crayon noir. Portrait de Stéphanie-Louise de Bourbon Conty, pleurant sur l'urne funéraire de son père, dessin par elle-même, avec une prière autographe, signée 6 mai 1799.

458 — Pastel ovale in-fol. très ancien, encadré. Scène grivoise d'hommes et de femmes à table.

459 — Deux in-4 à la pl. lav., dont l'un avec gravure tirée de l'Espion turc, avec deux légendes curieuses imprimées et manuscrites représentant deux scènes de magie, relatives à la croyance et au commerce de Catherine de Médicis, avec les sorciers et les magiciens.

460 — Collection de six feuilles in-fol. à la pl. et crayon rouge, etc.; matériaux ayant servi aux illustrations du grand ouvrage d'Egypte, recueillie par MM. Bonnard, Garnier, de l'Institut, etc.

461 — Collection de quatre in-fol., pl. et crayon lavé. Anciens attributs des quatre parties du monde.

462 — Collection de dix académies : hommes, femmes, de Boucher, Girodet, Greuze, Simon, Vanloo, etc.
Ce n° sera divisé.

463 — Collection d'environ vingt-cinq pièces d'architecture: ornements, figures, bas-reliefs, monuments, etc.

464 — Album de quatorze feuilles in-fol., aux deux crayons, rel. de blanc. Bas-reliefs, portraits, monuments antiques de l'Italie, rapportés de Rome en 1793; matériaux et documents précieux aux artistes et aux antiquaires.
465 — Collection de quarante feuilles in-4 d'anatomie, dessinées par Bouchardon, etc., dont plusieurs grav. par Demarteau, etc.
466 — Collection. Petit in-fol. de quinze feuilles d'anatomie anciennes et modernes, dessinées par Bouchardon, etc., etc.
467 — Deux albums in-fol. de dessins anciens et modernes des artistes de toutes les écoles, tels que : Audran, Bassan, Bloemart, Boucher, Bologne, Camoens, Cham, Garnier, Ingres, Lebrun, Oudry, Watteau, Wille, etc., etc. Ces albums seront divisés par cahiers de 10 à 12 dessins chaque.
468 — Album in-4 composé de 320 pièces anciennes et modernes des artistes de toutes les écoles, tels que : Adam, Baron, Boucher, Chatainski, Devéria, Dumorteirs, Garnier, Grandville, J.-Y-J. Jouvenet, Laemelin, Leroux, Longuet, Poussin, Prudhon, Saint-Aubin, S. Vouet, T.-C. Johannot, Vandermeulen, sera également divisé par cahiers de 10 à 12 dessins.
469 — Cinq à six cents pièces environ de dessins anciens et modernes de toutes les écoles inconnues ou omises au catalogue. Sous ce

numéro qui se compose d'académies, d'études et de sujets divers, et qui, en général, sera divisé en lots nombreux, on trouve des noms tels que : Audran, Pisani, Schutler, etc. Vincent, David, Cogniet, Duneuf, Gérard, Garnier, de l'Institut, etc.

TROISIÈME PARTIE.

OBJETS DIVERS DE SCIENCE & D'ART.

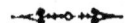
§ 1er. Gravures & Lithographies.

470 — Grand in-pl. « Estampe du tableau trouvé dans l'église des ci-devant jésuites de Billom en Auvergne, l'an 1762, » avec légende explicative de divers comptes rendus au sujet de ce tableau qui a été détruit, etc.
Pièce rare et fort curieuse pour les nombreuses légendes dont elle est remplie.

471 — Charlet. Lithographie in-pl. avec sa signature, et ces mots autographes : « La Liberté protégée par la Justice et la Sagesse, délivre la France de la tirannie (sic) et du fanatisme. »

Pièce rare et unique avec l'autographe de Charlet.

172 — DROLLING. Lithographie in-4, paraît être Adam et Ève.

173 — CH. LEVASSEUR. Deux gravures in-pl. 1° La continence de Scipion, d'après le Moyne; 2° Les adieux d'Hector et d'Andromaque, d'après J. Restout.

Jos. VERNET. Gravure coloriée in-pl. Port de Toulon et vue de la chaîne des forçats, etc.

474 — J. AUDRAN d'après RUBENS. Gravure in-pl. Couronnement de Catherine de Médicis.

475 — Id. Deux grands in-fol., id., de la galerie de Rubens.

476 — Id. Grand in-fol. Le Parnasse français, avec légende, dédié au Roi.

477 — Gravure in-pl. avec quinze pages de texte : ou représentation exacte de la salle de Bourbon au Louvre, où l'on tint l'assemblés des États-Généraux en 1614, etc..... et où doivent être assemblés les États-Généraux, en 1789. Paris, Nyon, 1789.

Trois lithographies satiriques in-fol. coloriées. 1° Une grande course au clocher académique; 2° Les faux monnayeurs, (satire contre le Barreau); 3° La poire et ses pépins.

478 — AL. BECCMO. Six feuilles grand in-fol. Architecture et monuments italiens.

479 — Huit feuilles petit in-fol. L'art dans l'armurerie, par A. Gueyton.
480 — Quatre in-4°. Suite de paysage par Houël, gravé en rouge par Demarteau.
481 — Vingt pièces environ, gravures et lithographies, par A. Baron, Demarteau, Huet, Tardieu, Vermeulen, etc., etc.
482 — Collection des illustrations des contes de J. Lafontaine, d'après Devéria, et contenant plus de quarante lithographies ou gravures in-4 et in-8.

§ 2. Livres à gravures & Cartes.

483 — Les délices des Césars, d'après une suite de pierres gravées sous leur règne. A Rome, de l'imp. du Vatican, 1792, maroq. doré sur tranche, 50 planches avec titre.
Ce volume sera vendu fermé.
484 — Funérailles de Jacques III, roi d'Angleterre, en 1766, à Rome, imp. du Vatican. Trois grandes planches gravées par Capelle, 31 pages in-fol. de texte.
485 — Agrippa, Adamantius, Porta, Polemon, etc. La fisionomia del'huomo, etc. Venetia, 1668, 591 pages in-4, avec nombreuses gravures sur bois.
486 — Amyot (traduit du chinois par). Art militaire des Chinois, ou recueil d'anciens traités sur la guerre, composés avant l'ère chrétienne par différents généraux chinois. 410 p. in-4. Paris, 1772. et 33 planches coloriées.

487 — Nicolas de Nicolay, géographe et varlet de chambre ordinaire du roi Henry II. Les livres de navigations et pérégrinations orientales, avec les (62) figures, Hommes et femmes, maintiens et habits. Lyon, 1567. 181 p. in-fol.

488 — Séb. Brant. Stultifera navis (le navire des fous), avec 114 gravures sur bois, et des notes manuscrites. Les illustrations de ce livre ont servi à l'éloge de la folie d'Erasme, qui lui est postérieur. 306 p. in-4. De 1498, avec table des matières.

Très rare et plus curieux encore.

489 — Dutilliot. Mémoire pour servir à l'histoire de la fête des fous qui se faisait autrefois dans plusieurs églises. 1751, in-12 avec 12 gravures.

490 — Confucius. Principaux traits de sa vie, en 24 estampes, par Helmann.

491 — In-4 avec texte gravé par Helmann, graveur de Marie-Antoinette. 24 estampes in-4. Faits mémorables de l'empereur de la Chine, dédié à Madame, avec texte gravé par le même.

492 — Bast. Delbene. Civitas veri, sive morum Aristotelis de moribus Doctrinam carmine et pictura, etc. 260 p. in-fol. parch. doré, de 1609, avec 35 gravures.

493 — Hasius, Homann, etc. Atlas universel, grand in-fol., de 140 cartes.

Id. Autre vol. de 80 cartes, de 1700 à 1777.

Ces deux volumes ont servi à Bonaparte, en Egypte.

494 — In-fol. contenant 13 cartes : carte générale de l'empire de Russie, de la Baltique, de Constantinople, etc., (théâtre de la guerre actuelle), avec une table autographe du baron de Schonen, ancien pair de France, etc.

495 — Nic.-Joa. Vischerius. Theatrum præcipuarum urbium, etc. — Théâtre des principales villes de Brabant, de Flandre et de Zélande, 1660. Recueil de 65 pl. in-fol.

496 — H. Fortoul. Les fastes de Versailles, grand in-8 de plus de 300 pag. avec 42 gravures, portraits, vues, etc.

497 — J.-J. Scheuchzero, médecin, professeur, etc. (Herbarum diluvianum collectiones). Lugduni, 1723, 120 p. in-fol. avec 15 pl. et portrait, par J. H. Huber. B. 1.

§ 8. Livres rares et Manuscrits autographes.

498 — Abbé Bonnet (et l'empereur Napoléon). Essai sur l'art de rendre les révolutions utiles. Deux in-4 rel. Paris, an x (1801). « Cet ouvrage a été rédigé dans le cabinet de Napoléon, qui est lui-même l'auteur de plusieurs chapitres tels que celui du *prétendant* (Louis XVIII), celui de l'hérédité du trône, etc. (Dictionnaire de Barbier). »

499 — B. Spinosa. Réflexions curieuses d'un esprit désintéressé sur les matières les plus importantes au salut tant public que particulier. Cologne, 1678, 591 p. in-12. Tolérance des religions. Rotterdam, 1684, 103 p. in-12.

Fort rare et très curieux.

500 — D. P. Piccinello. Mundus symbolicus, in emblematum universitatus, formalis, explicatus, tam sacris quam profanis, etc. Coloniæ, 1695, très beau volume in-fol. de 1,200 pages avec plusieurs tables polyglotes.

501 — J.-B. Bossuet, évêque de Meaux. Les livres de Salomon : les Proverbes, l'Ecclésiastique, le Cantique des Cantiques, la Sagesse, les Psaumes, etc., avec des notes de Bossuet. Ce volume in-8, latin, relié mar. doré sur tranche, porte sur la première feuille blanche, ces mots autographes de Bossuet adressés à la personne à qui il en a fait don : « Ex dono authoris (*sic*). »

502 — Spanheim, premier professeur de l'Université de Leyde, trad. par Lenfant. Histoire de la Papesse Jeanne, avec les gravures (de son accouchement, etc.). Lahaye, 1720, 2 vol. in-12.

503 — M. Kempio de Osculis, etc. Opus maximè curiosum, etc. Francofurti, 1680, vol. in-4 de plus de 1,000 pages et dont voici un extrait de la table des matières : « De osculorum variis speciebus. — Et primo quidem de osculo sano. — De osculo mystico. — Adorativo. — De quibusdam osculis ecclesiaticis. — de osculis idolatricis. — Sacris veterum christianorum. — De osculis pedum pontificis romani. — Honoris et clementiæ de osculis Gymnasticis et academicis. — Amatoriis in genere. De osculis libidinosis. — De osculo sponsalitio et conjugali. — De osculis consuetis familiarumque, etc. — De osculo contagioso. — De osculis Hypocriticis sive proditioniis. — De osculo judæ, etc., etc., etc. — Miscella de osculis.

604 — P. Chassanis, Desjardins frères, Pharoux Tillet, etc., 1793. Description topographique de deux cent mille acres de terre dans l'Amérique septentrionale, mises en vente à Paris, en 1792, etc. — Manuscris de plus de 750 pages in-4, contenant, avec de nombreux tracés originaux, la Constitution de la compagnie française de New-York, en 1793; Le journal de Castorland ou journal des émigrés et des établissements français d'Amérique, du 1er juillet 1793 au 20 septembre 1796 ; suivi d'une table analytique des matières et d'une table alphabétique des principaux person-

nages qui y figurent comme acteurs ou autrement (1).

Ce document, précieux et unique, sur la géographie, le sol, les mœurs, la religion, le commerce, etc., de l'Amérique septentrionale est plein d'intérêt et d'actualité, tant par suite des vicissitudes, de l'insuccès et de la fin malheureuse de l'émigration qui y eut lieu à cette époque (1793), que des regards qui se tournent aujourd'hui de tous côtés vers la Californie.

Nous croyons, au reste, devoir donner un extrait de la table des matières contenues dans ce manuscrit :

Noms des 41 premiers actionnaires de la Compagnie Française de New-Yorck et des établissements français du Castorland. —

---

(1) Parmi lesquels on remarque les noms qui suivent : Adet, ambassadeur, Angot, Aunay.

Bailly et sa famille, Bonamy, de Bonnechose, Campbell, Cathelin, Cockran, Cousin, de Crèvecœur, De Croze, Dejean et sa famille, Deshayes, Deslandes, capitaine de frégate, Désormeaux, Dubuisson.

Graham, Green, Hamilton, ministre des Finances, Jefferson, ministre des Affaires étrangères, Delaforest, consul-général, De la Motte, id., de Laroche, id., de Latour-Dupin et sa famille, échappés des mains de Robespierre, de Letremblay, Leroy de Chaumont, Lerebours.

Moreau de Saint-Méry, Morris, ministre, Richard, son, sénateur, Sauvage, représentant, Straffort-Tillet.

Vender Kemp, ministre hollandais et chef de la révolution de 1787, de Villiers, de Volney, le colonel Wisher, scalpé par les Indiens, Wolf, etc., etc.

Fonctions et pouvoirs des commissaires de la Compagnie. — Difficultés et erreurs grossières relatives à la délimitation des terres vendues. — Emigration de quatre mille français qui se réfugient à New-Yorck. — Scènes comiques et lubriques à bord. — Saisie de la caisse de livres (2,000 vol.) de M. Desjardins, sous le prétexte qu'un seul homme ne peut faire usage de tant de livres.

Véritable raisin sauvage d'Amérique très propre à faire du vin. — Forêts vierges antiques. — Cérisier sauvage et divers autres végétaux. — Chasse aux ours. — Bœufs illinois. — Serpents. — Insectes. — Oiseaux.

Emigration hollandaise par suite de celle des Français.

Habitants du lac Ontario. — Id. d'Onéïda. Indiens d'origine française, etc.

Rivières de l'Assomption, — de la Delaware. du Black rivern, etc. — Plan et dessins à la plume lavés, des stations, directions, distances et observations sur le cours du Black-River, etc.

Haine des Américains pour les Français. Leur caractère national. — Mœurs de rapines. — Paresse et mauvaise foi.

Dépossession. — Refus de reconnaître les titres de propriété de la Compagnie. — Mort de divers émigrants.

Vol de l'argent et des papiers de la Compagnie. — Poursuite et justice dérisoires à l'égard des voleurs.

M. Tillet, nouveau commissaire, vient remplacer M. Desjardins qui lui rend ses comptes de gestion.

Plaintes de ce dernier relativement au partage des terres, etc., etc.

505 — Ed. Mentelle. Géographie précédée d'un traité de la sphère. Manuscrit de plus de 250 pages in-4 entièrement de sa main.

506 — Quillot, prêtre de Dijon, quiétiste. Dijon, 1703. Manuscrit in-4 de 282 pages avec table. Contenant diverses pièces curieuses sur le Quillotisme, et contre la doctrine du sieur Quillot.

507 — Mémoires authentiques de la comtesse Dubarry, maîtresse du roy (*sic*) de France, tirés soigneusement d'un manuscrit qui est entre les mains de la duchesse de Villeroy, par M. François N***. Londres, 1771, 140 pages in-4.

Document curieux, rempli de noms historiques, apprécié par madame Dubarry, dans une suite de lettres intimes adressées à Louis, la France (Louis XV).

508 — Les sarcellades ou les harangues des habitants de la paroisse de Sarcelle à monseigneur de Vintimille, archevêque de Paris, en 1732. Très curieux volume in-4 de 472 pages en vers patois et en prose contre

les jésuites, la Bulle unigenitus, la constitution, le formulaire, etc., satires pleines d'entrain, de saillies fines et spirituelles, et de faits historiques intéressants sur les miracles de cette époque.

§ 4. Objets divers & articles omis au présent Catalogue.

509 — Un pot à eau en porcelaine, ayant appartenu à la Reine Marie-Antoinette, avec ses armes et son chiffre.
510 — Groupe en terre de Sèvres, triomphe de l'Amour.
511 — Une ombrelle provenant de la maison de madame Dubarry.
512 — Une pendule en biscuit blanc de Sèvres, avec sujet. Le premier amour.
513 — Articles omis et non catalogués.
514 — CASSINI. Les Cartes de la France.

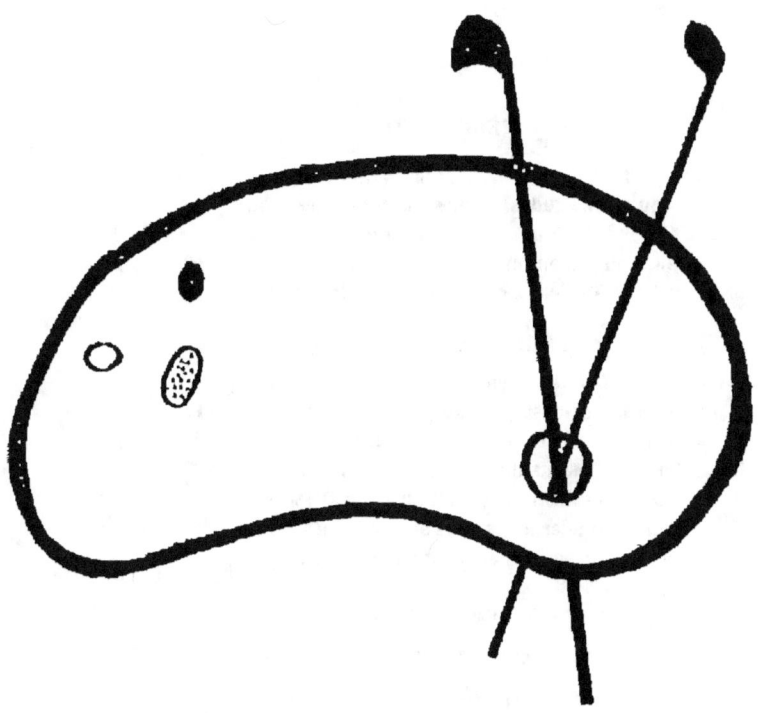

ORIGINAL EN COULEUR
NF Z 43-170-8

TABLE ET DIVISION DU CATALOGUE.

PREMIÈRE PARTIE.

	Page.
1 à 80. — *Tableaux anciens et modernes (Originaux, Esquisses, Études, Copies)* de toutes les écoles.	5
81 à 200. — Tableaux anciens et modernes, incertains ou inconnus.	10
201 à 350. — Tableaux omis, ou non catalogués.	11

DEUXIÈME PARTIE.

351 à 431 — *Dessins anciens et modernes (Originaux, Copies, Esquisses)* signés et non signés.	12
432 à 450. — Dessins inconnus ou incertains.	23
451 à 459. — Dessins omis ou non catalogués.	27
460 à 469. — Collections et albums de Dessins anciens et modernes, signés et non signés, et vendus par catégories et par groupes.	27

TROISIÈME PARTIE.

OBJETS DIVERS.

Sciences, Arts, Curiosités.

470 à 481. — § I. Gravures et Lithographies.	28
482 à 497. — § II. Livres à gravures et cartes.	30
498 à 508. — § III. Livres curieux et rares, et Manuscrits autographes.	32
509 à 512. — § IV. Objets divers et articles omis au catalogue.	38

MAULDE et RENOU, Imprimeurs de la Compagnie des Commissaires-Priseurs, rue de Rivoli 144.

www.ingramcontent.com/pod-product-compliance
Lightning Source LLC
Chambersburg PA
CBHW050029230526
45470CB00003B/1191